CARTAS DA FELICIDADE

ANDRÉ MANTOVANNI

ORGANIZAÇÃO

Adilson Ramachandra

CARTAS DA FELICIDADE

Mensagens Inspiradoras para a sua Vida Diária

• AMOR • SAÚDE • PROSPERIDADE •
• SUCESSO • ESPIRITUALIDADE •

Editora Pensamento
SÃO PAULO

1ª edição 2025.

Imagens das cartas: Freepik

Editor: Adilson Silva Ramachandra
Gerente editorial: Roseli de S. Ferraz
Preparação de originais: Alessandra Miranda de Sá
Gerente de produção editorial: Indiara Faria Kayo
Editoração eletrônica: Cauê Veroneze Rosa
Revisão: Vivian Miwa Matsushita

Dados Internacionais de Catalogação na Publicação (CIP)
(Câmara Brasileira do Livro, SP, Brasil)

Mantovanni, André
Cartas da felicidade : mensagens inspiradoras para a sua vida diária / André Mantovanni ; organização Adilson Ramachandra. — 1. ed. — São Paulo : Editora Pensamento, 2025.
ISBN 978-85-315-2448-6
1. Autoconhecimento 2. Cartomancia 3. Felicidade 4. Oráculos I. Título.
25-282366 CDD-133.32

Índices para catálogo sistemático:
1. Oráculos : Arte divinatórias : Ciências ocultas 133.32
Cibele Maria Dias - Bibliotecária - CRB-8/9427

Direitos reservados
EDITORA PENSAMENTO-CULTRIX LTDA.
Rua Dr. Mário Vicente, 368 - 04270-000 - São Paulo - SP - Fone: (11) 2066-9000
http://www.editoracultrix.com.br
E-mail: atendimento@editoracultrix.com.br
Foi feito o depósito legal.

SUMÁRIO

Apresentação
9

Prefácio do autor
14

Como utilizar este baralho
21

Métodos de tiragem
24

Uma carta/mensagem para começar o dia
26

Três cartas para presente, passado e futuro
29

Tiragem de cinco cartas,
uma de cada naipe/cor
32

Tiragens específicas sobre cada
um dos cinco temas: Amor, Saúde,
Prosperidade, Sucesso
e Espiritualidade
34

Conclusão
37

Anexo: Instruções Práticas para
receber as Próprias Mensagens
interiores, com exercícios simples
de meditação consciente para
ouvir o seu Eu Interior
45

**Bibliografia e leitura
recomendada**
57

"Só há felicidade se não exigirmos nada do amanhã e aceitarmos do hoje, com gratidão, o que nos trouxer. A hora mágica sempre chega."

— Hermann Hesse

APRESENTAÇÃO

As ***Cartas da Felicidade*** surgiram por meio de um impulso advindo do sucesso editorial de *... Enquanto a Felicidade Não Vem...*, o primeiro livro de André Mantovanni lançado pela Editora Cultrix, no qual ele convida os leitores a embarcar em uma jornada introspectiva rumo ao verdadeiro significado da felicidade, questionando se "a felicidade é um destino ou uma escolha", e mergulha em uma investigação pessoal, compartilhando cada momento dessa profunda reflexão.

Durante o processo de finalização das etapas de produção editorial, em meio a muitas conversas com o autor, surgiu a ideia de reunir frases para inspirar as pessoas, pois cada capítulo abria com uma epígrafe, e muitas delas não foram inseridas por falta de espaço. Além disso, as frases inspiracionais escolhidas pelo André tinham um propósito reflexivo; não eram apenas um ornamento literário na abertura dos capítulos.

Dessa forma, convidamos o nosso querido autor para uma missão: criar um baralho para nos ajudar a manifestar momentos felizes durante a nossa caminhada, enquanto a felicidade não vem...

Começamos a pensar qual seria a melhor forma que esse baralho deveria tomar. Chegamos à conclusão de que deveria ser algo simples, intuitivo, que refletisse os momentos de calma e inspiração que buscamos durante o dia, em meio à correria diária; algo para ajudar a criar esses momentos, pequenas pausas para nos inspirar. Ou então, ao tirar uma carta, o leitor encontraria um conselho diário, logo pela manhã; ou ainda uma mensagem leve e meditativa antes do descanso, à noite.

Contudo, queríamos algo mais. Sentíamos que este conjunto de cartas deveria ser uma porta para criar um diálogo com a alma, para ajudar a contatá-la e compreender sua linguagem, para depois de um "treino" começarmos a buscar dentro de nós aquela Voz Interior que nos conta, sem palavras, quase de maneira instantânea, o que precisamos ouvir em cada situação que a vida nos apresenta. Um veículo para irmos cada dia mais ao encontro dessa parte sutil de nós mesmos, que nos mostra – por meio de símbolos, situações da vida, contatos com outras pessoas, sonhos e demais situações – qual é a nossa verdadeira missão, aquela além da busca desenfreada pela felicidade pura e simples. Antes disso, nosso verdadeiro caminho é nos religar com o nosso Espírito e nosso verdadeiro propósito: ajudar a alma a se realizar em sua missão aqui.

E qual é o primeiro passo, senão buscarmos ferramentas para termos uma conexão maior com nosso eu?

Foi esse o motivo principal que nos levou a criar as *Cartas da Felicidade*. Dividido em cinco jogos de cartas, com 20 cada – amor, saúde, prosperidade, sucesso e espiritualidade –, antes de ser apenas um conjunto de regras para buscarmos ainda mais coisas de ordem puramente material ou conforto emocional, a obra vai muito além do que parece, na qual André Mantovanni nos brinda com reflexões inspiradas, frutos de sua própria busca interior, de suas meditações sobre grandes temas da vida e de sua jornada de mais de vinte anos como astrólogo, escritor e terapeuta.

Deixo para o autor nos contar o que ele planejou para nós e o que podemos aprender, em termos de lições, com essas frases e mensagens da Sabedoria Universal de diversas eras. Aqui me coube apenas a singela tarefa de organizar a obra, para podermos nos inspirar com uma síntese do conhecimento de diversos pensadores, escritores, mestres espirituais e provérbios de vários povos, síntese essa feita pela hábil sensibilidade e simplicidade de André Mantovanni, as quais muitos de nós já conhecemos e admiramos.

Boa leitura.

São Paulo, verão de 2025

– **Adilson Silva Ramachandra**,
escritor, palestrante, pesquisador e
editor do Grupo Editorial Pensamento

PREFÁCIO DO AUTOR

"Pegue para você o que lhe pertence, e o que lhe pertence é tudo aquilo que sua vida exige."

– Clarice Lispector

A felicidade é um tema que me acompanha há muito tempo – não apenas como objeto de estudo ou de escrita, mas como busca pessoal, como jornada de alma. Em *... Enquanto a Felicidade Não Vem...*, publicado em 2024 pela Editora Cultrix, compartilhei com os leitores uma travessia íntima, feita de perguntas corajosas, silêncios necessários e momentos de profunda escuta interior. Ali, investiguei se a felicidade é uma escolha ou um destino, se ela se revela em grandes acontecimentos ou nas "miudezas" do cotidiano. O retorno carinhoso que recebi de tantas pessoas após essa publicação foi comovente. Percebi que, ao falar sobre a felicidade como um estado de conexão com o nosso Eu mais verdadeiro, algo essencial havia sido tocado. Abriu-se um chamado individual e coletivo por mais presença, mais sentido, mais verdade.

Este novo livro, *Cartas da Felicidade,* nasce como uma continuidade natural daquela reflexão. Se *... Enquanto a Felicidade Não Vem...* foi um convite para olhar para dentro, este baralho é uma ferramenta para dialogar com esse mundo interior. É uma forma prática, sensível e simbólica de aprofundar a escuta da alma, de cultivar momentos de pausa, de criar espaço para o autoconhecimento florescer – mesmo nos dias mais corridos, mesmo nos instantes mais incertos.

As cartas que compõem este baralho são fragmentos de sabedoria universal, costuradas com delicadeza e intenção. São mensagens que vêm de grandes mestres espirituais e intelectuais, da filosofia de povos antigos, de tradições que nos ensinam a ver além do óbvio e a sentir com o coração. Cada frase escolhida carrega em si uma energia específica, um convite à reflexão, uma semente de transformação. Contudo, muito mais do que belas palavras, essas cartas podem ser consideradas chaves de conexão com o abstrato, o subjetivo, o imaterial – o que habita em nossa alma.

Desejei que este conjunto de cartas tivesse uma forma simples de usar, mas que fosse profundo em seus efeitos. Que servisse tanto para quem busca orientação em um momento de dúvida quanto para quem deseja tornar o dia mais leve, mais consciente. Seja ao amanhecer, como um gesto de cuidado e intenção, seja ao fim do dia, como um momento de reconexão, cada tiragem pode ser uma ponte entre o visível e o Invisível – entre o que vivemos no mundo exterior e o que pulsa em nosso mundo interior.

Neste baralho, abordo cinco grandes temas: Amor, Saúde, Prosperidade, Sucesso e Espiritualidade.

Essas áreas não foram escolhidas ao acaso, tampouco vistas como compartimentos isolados da existência. Elas representam dimensões essenciais da nossa experiência humana e espiritual. O modo como nos relacionamos, como cuidamos do corpo e da mente, como nos sentimos em relação ao nosso propósito, à abundância e à fé – tudo isso revela muito a respeito da qualidade da nossa presença no mundo e o nível de alinhamento com nossa verdade interior.

A estrutura deste livro foi pensada para facilitar sua jornada interior. Nele, você encontrará orientações práticas sobre como utilizar essas cartas em diferentes momentos do dia, com sugestões de tiragens simples – como uma carta para começar a manhã com uma intenção – ou de leituras mais profundas, como jogos de três ou cinco cartas. Cada uma dessas práticas foi concebida para estimular a conexão com diferentes aspectos do Ser, permitindo que a experiência com o baralho seja sempre intuitiva, pessoal e transformadora. Ao final do livro, há um anexo especial com exercícios de meditação consciente, que ajudam a abrir espaço para ouvir a mais alta sabedoria do Eu Superior. Tudo foi organizado para que esta obra seja, ao mesmo tempo, acessível e profunda - uma verdadeira aliada no caminho do autoconhecimento e do despertar espiritual.

Por isso, as *Cartas da Felicidade* não pretende prever o futuro ou dar respostas prontas. Ele é um espelho da alma. Um instrumento de escuta, um guia silencioso, uma Bússola Divina que pode apontar direções quando tudo parece incerto, ou simplesmente confirmar aquilo que, lá no fundo, já sabemos, mas que ainda não tivemos coragem de reconhecer em nós mesmos de maneira consciente.

Ele também pode ser um companheiro de jornada para aqueles que estão despertando espiritualmente, que estão em processo de cura, ou que desejam se reconectar com algo maior. Cada mensagem pode funcionar como um lembrete: de que não estamos sozinhos, de que existe uma inteligência superior que se comunica conosco o tempo todo, seja por meio de sinais, encontros, sonhos, sincronicidades e, agora, também por intermédio dessas cartas.

Em um mundo tão ruidoso, repleto de demandas e distrações, criar espaços de silêncio interior é um ato de amor. É por isso que acredito que este baralho é, antes de tudo, uma ferramenta de reconexão com a alma, com o propósito, com a parte mais autêntica e luminosa de nós mesmos. Ele não é um fim, mas um meio. Um caminho que leva ao centro, onde habita a verdadeira felicidade: aquela que não depende de circunstâncias externas, mas que brota de uma vida vivenciada com consciência, coerência, gratidão e presença.

Receba essas cartas como quem recebe um presente: com alegria, leveza e curiosidade. Permita-se brincar, investigar, questionar e, acima de tudo, sentir e refletir. Não se trata de seguir regras, mas de despertar uma escuta mais sutil dentro de si. Confie nas mensagens que surgirem, pois elas não serão por acaso. O Universo é causal, tem uma causa e um propósito, e tudo está interconectado pela Teia da Vida. Então, cada mensagem que tirar será aquela de que mais precisa naquele momento, pois é uma parte sua, mais profunda, que está trazendo justamente aquela mensagem, e não outra qualquer.

Que esta obra seja, para você, um mapa simbólico, uma centelha de luz, uma companhia nas travessias da vida; e que, ao percorrer as mensagens destas cartas, você possa encontrar não apenas respostas, mas também novas perguntas. Que cada carta e cada tiragem seja um passo em direção a si mesmo, e que, nesse caminho, você descubra que a felicidade, ainda que não venha de imediato, já mora dentro do seu coração, à espera de ser reconhecida.

Com afeto e gratidão,

André Mantovanni

COMO UTILIZAR ESTE BARALHO

Diferentemente dos meus tarôs e oráculos anteriores, as *Cartas da Felicidade* é algo que não está ligado a nenhuma tradição, nenhuma técnica conhecida. Ele foi inspirado em minhas próprias buscas e na necessidade de receber da alma conselhos para situações da vida nas quais eu precisava de uma frase inspirada, um conselho, uma Afirmação, para me ajudar a clarear a mente, trazer algum conforto ou tomar uma decisão.

O baralho é constituído por 100 cartas - 20 para cada tema -, e escolhemos cinco cores específicas para as bordas, a fim de deixar as tiragens mais lúdicas e de haver melhor identificação dos temas correspondentes:

- **AMOR:** Rosa; simbolicamente, essa cor está ligada ao elemento Fogo e ao tetraedro. Representa a radiante luz solar, o fogo do coração.
- **SAÚDE:** Verde; simbolicamente está ligada ao elemento Água e ao icosaedro. Representa a própria água, riachos ou nascentes, assim como também as emoções.

- **PROSPERIDADE:** Amarelo-ouro; simbolicamente está ligada ao elemento Terra e ao hexaedro. Representa as árvores, a própria terra, as pedras preciosas, rochas e montanhas.
- **SUCESSO:** Azul-claro; simbolicamente está ligada ao elemento Ar e ao octaedro. Representa o céu azul, a luz branca, a radiância, a nobreza, e costuma ser usada para transmitir harmonia.
- **ESPIRITUALIDADE:** Índigo-violeta; simbolicamente está ligada ao elemento Éter e ao dodecaedro. Representa a luz cósmica da Consciência.

Para mostrar como utilizar estas cartas, trago aqui alguns métodos simples para auxiliá-lo na tiragem das cartas.

MÉTODOS DE TIRAGEM

Com apenas quatro métodos, você poderá utilizar este baralho em seu dia a dia. Pode tirar apenas uma carta para um conselho geral, uma mensagem, que será a síntese daquele dia para você. Mas, se preferir uma reflexão noturna antes de dormir, pode ser feito assim também. E lembre-se: para qualquer tiragem, você deve silenciar a mente antes e depois de tirar as cartas, ou fazer alguma pergunta específica. Para cada um dos métodos, apresentamos uma síntese.

UMA CARTA/MENSAGEM PARA COMEÇAR O DIA

Sente-se confortavelmente e relaxe. Inspire e expire algumas vezes, limpando a mente de quaisquer pensamentos. Após sentir a mente silenciada, embaralhe as cartas e tire apenas uma. Leia a frase da parte da frente.

Exemplo:

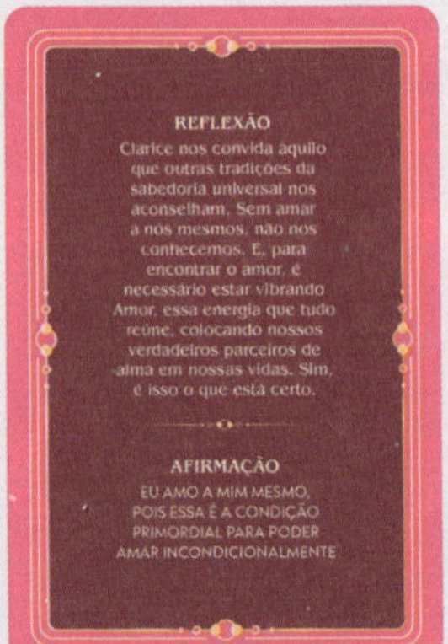

Frente

"Não fuja do amor nem corra atrás dele, apenas vivencie as experiências. Se assim o fizer, o amor fará parte da sua vida em suas mais sublimes expressões."

- André Mantovanni

Verso

REFLEXÃO:

Quando nos dispomos verdadeiramente ao amor, ele se torna parte de nossa vida. Desde pequenos gestos cotidianos a experiências mais elevadas, temos a sensação de que algo maior vive em nosso interior e se expressa por meio de nós. A isso os místicos e Mestres dão o nome de Amor.

AFIRMAÇÃO:

EU RECEBO TODO O AMOR QUE O UNIVERSO COLOCA EM MINHA VIDA

Após a leitura atenta, vire a carta e leia a **Reflexão**. Em seguida, leia três vezes, em voz alta ou mentalmente, a **Afirmação**, para que se torne uma síntese dos ensinamentos nela contidos.

TRÊS CARTAS PARA PRESENTE, PASSADO E FUTURO

Sente-se confortavelmente e relaxe. Inspire e expire algumas vezes, limpando a mente de quaisquer pensamentos. Após sentir a mente silenciada, embaralhe as cartas e tire três, posicionando-as com as frases dos autores viradas para cima, colocando-as desta forma:

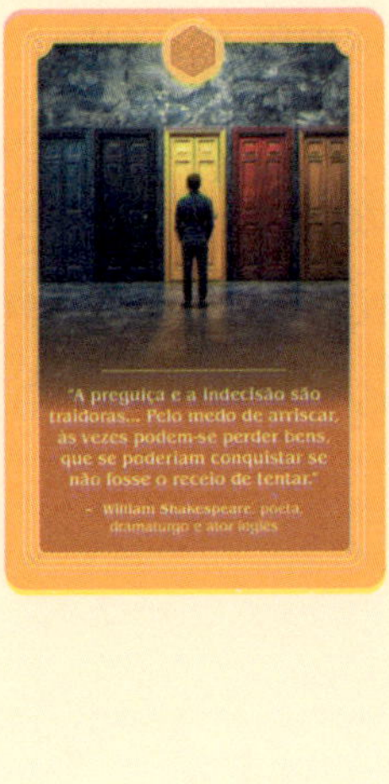

Após a leitura das frases na parte da frente, medite a respeito dessas mensagens antes de virar as cartas, deixando que lhe mostrem como se conectam com seu passado, presente e futuro. Sinta cada detalhe delas, e, sem expectativas ou julgamentos, mantenha a mente limpa de pensamentos; vire então cada uma delas na mesma ordem: presente, passado e futuro.

Como na tiragem anterior, leia atentamente cada **Reflexão** em sequência, e, após uma pausa silenciosa, volte-se para sua alma e leia as **Afirmações**, em voz alta ou mentalmente, também em sequência. Desse modo, uma imersão/síntese sobre seu passado, presente e futuro vai se manifestar por meio das cartas a fim de inspirar sua jornada para estar cada vez mais no Agora, no tempo da alma, no qual você pode ser um colaborador e cocriador do seu destino dali em diante.

Caso precise de orientação para apenas uma das áreas de sua vida neste momento, essa tiragem pode ser feita da mesma maneira, com apenas um naipe e suas 20 cartas.

TIRAGEM DE CINCO CARTAS, UMA DE CADA NAIPE/COR

Sente-se confortavelmente e relaxe. Inspire e expire algumas vezes, limpando a mente de quaisquer pensamentos. Após sentir a mente silenciada, separe as cartas por naipes/cores, fazendo cinco montinhos. Coloque-os então na ordem que desejar, embaralhe cada um deles e tire uma carta de cada, posicionando-as com as frases dos autores viradas para cima, colocando-as desta forma:

AMOR | SAÚDE | PROSPERIDADE | SUCESSO | ESPIRITUALIDADE

Essa tiragem é um "plano-sequência", uma tiragem para ser lida de uma só vez, sem "cortes", a fim de formar uma mensagem única, de síntese, acerca de cada área da sua vida neste momento e como ela está relacionada com as demais.

Tal como nas tiragens anteriores, leia com atenção as frases, depois vire cada uma delas e leia as **Reflexões** em sequência, da esquerda para a direita. Após uma pausa, leia as **Afirmações** e medite a respeito da mensagem de forma integral, como se fosse uma só.

TIRAGENS ESPECÍFICAS SOBRE CADA UM DOS CINCO TEMAS

Sente-se confortavelmente e relaxe. Inspire e expire algumas vezes, limpando a mente de quaisquer pensamentos. Após sentir a mente silenciada, separe somente as cartas do tema que quer consultar, embaralhe-as e tire uma carta de cada vez, posicionando-as com as frases do autor viradas para cima, colocando-as desta forma:

Para cada carta, siga as instruções anteriores: medite sobre a mensagem de forma pausada e, na sequência, leia a **Reflexão** e, em voz alta ou mentalmente, faça a leitura da **Afirmação**.

Por meio do uso contínuo desses exercícios e tiragens, sua intuição vai ficar cada vez mais aguçada e conectada com a alma. Assim, para cada situação diária, você começará a perceber que não escolhe mais sozinho suas ações. Antes disso, vai sentir que sua personalidade humana estará mais receptiva a mensagens, não apenas destas cartas, mas também de inspirações que vêm de dentro, dos planos sutis, nos quais o Eterno Presente existe como parte de algo maior, fazendo-o se sentir mais pleno, uma parte integrante da Vida Universal.

CONCLUSÃO

"Ser feliz sem motivo é a forma mais autêntica de felicidade."
– Carlos Drummond de Andrade

Chegar ao fim deste livro é, na verdade, abrir uma nova possibilidade de começo. Um recomeço mais consciente, mais sereno e mais alinhado com aquilo que verdadeiramente importa.

Vivemos tempos acelerados, nos quais tudo parece urgente, e a ansiedade se tornou quase uma condição silenciosamente aceita no nosso cotidiano. Corremos de um compromisso a outro, em busca de realizações materiais; queremos respostas rápidas, inclusive sobre nós mesmos. Mas a felicidade não se revela na pressa. Ela nasce no intervalo, no espaço entre um pensamento e outro, entre uma escolha e outra. Por isso, acredito que, mais do que felicidade, o que precisamos buscar de verdade é paz – e que, a partir dessa paz, a felicidade possa brotar com mais naturalidade.

Paz não é ausência de conflito, mas presença de sentido. É o estado interior que nos permite atravessar dores e alegrias com o coração desperto. Para cultivá-la, é preciso desacelerar por dentro. É preciso silenciar as exigências do mundo por um instante e escutar o que a alma quer dizer. Este conjunto de cartas foi criado com o seguinte propósito: oferecer pequenas pausas conscientes, abrir frestas de silêncio e contemplação, e ajudá-lo a reencontrar esse estado interno de quietude no qual residem a verdadeira força e a clareza da alma.

A felicidade, assim compreendida, não é uma meta distante a ser conquistada quando tudo estiver no devido lugar. Ela é um projeto de vida, uma maneira de caminhar, mesmo em meio ao caos.

Não se trata de ignorar as dores ou evitar os desafios, mas de viver com uma escuta mais atenta e uma presença mais comprometida em relação ao que é essencial, dentro e fora de nós. A felicidade se constrói quando sonhamos com coragem, mas também quando agimos com integridade; quando confiamos nos caminhos do destino, mas também quando assumimos a responsabilidade por cada escolha que fazemos.

Sim, acredito no destino. Acredito nas forças sutis que nos guiam, nos sinais que a vida oferece, na inteligência do Invisível, que muitas vezes escapa ao nosso entendimento imediato. Mas acredito ainda mais na nossa capacidade de construir o próprio caminho, com coragem, lucidez e fé. E essa fé, para mim, começa pela confiança em nós mesmos. Quando ouvimos nossa voz interior com sinceridade, quando reconhecemos nossa luz e nossas sombras, quando acolhemos quem somos com honestidade, aí sim somos capazes de viver com mais equilíbrio, verdade e propósito.

Foi por isso que escolhi fazer um baralho como linguagem para este livro - porque as cartas não impõem, não comandam, não ditam o que devemos fazer. Elas sugerem, despertam, revelam. Dialogam com o simbólico e ativam o que há de mais intuitivo e sensível em nós. São ferramentas, sim, mas ferramentas de expansão, de consciência, de transformação. Quando utilizadas com atenção e receptividade, as cartas nos ajudam a tomar decisões com mais assertividade, enxergar padrões ocultos, identificar o que precisa ser acolhido, curado ou transformado.

Cada carta traz em si um convite - um convite à pausa, à reflexão, à escuta; à reconexão com os valores que, muitas vezes, esquecemos de nutrir: o afeto, a simplicidade, a contemplação, a presença. Não se trata de usar as mensagens como previsões ou respostas absolutas, mas como portas de entrada para um diálogo mais íntimo com o próprio Ser.

É por isso que, para mim, a espiritualidade - essa dimensão sagrada da vida - deve ser compartilhada com seriedade, humildade e responsabilidade. Falar sobre temas da alma é sempre um ato delicado. Encaro essa missão com um respeito profundo, seja nos livros, nos meios de comunicação, ou em qualquer espaço onde exista uma alma disposta a escutar e outra disposta a oferecer algo verdadeiro. Não me coloco como alguém que apresenta respostas, mas como quem também está no caminho, assim como você, assim como todos nós.

Quero deixar aqui minha gratidão sincera a você, que leu estas páginas com o coração aberto e que utilizará estas cartas como um instrumento para ouvir seu coração. Obrigado por fazer deste baralho algo vivo. É você quem o completa com sua busca e atenção plena, à procura de algo maior do que aquilo que vivemos no mundo físico.

Agradeço, de modo especial, ao editor Adilson Ramachandra, cuja sensibilidade, cuidado editorial e intuição foram fundamentais para que este projeto encontrasse sua forma final com tanta coerência e delicadeza. Seu olhar refinado acompanhou este processo como um verdadeiro guardião da essência do livro. É raro encontrar quem edite com o coração, e isso faz toda a diferença, inclusive nesta obra.

Desejo que este conjunto de cartas possa continuar sendo uma companhia amorosa e poderosa em sua jornada de autoconhecimento. Que ele sirva como farol nas noites incertas, como espelho nos dias confusos, e como abraços em momentos de dúvida; e que, acima de tudo, ele o lembre – sempre – da importância de viver com escuta aberta para a linguagem da alma, com coragem e verdade.

A felicidade talvez não se instale como um estado permanente, mas ela se insinua, discretamente, nas escolhas que fazemos com Consciência. Ela se manifesta quando seguimos o que é verdadeiro para nós, mesmo que seja de forma silenciosa. Se nos permitirmos cultivar mais a serenidade e a confiança na sabedoria da vida, talvez consideremos que a felicidade não está em outro lugar, nem em outro tempo. Ela habita o Agora. Reside dentro de nós. Sutil, mas presente. Esperando apenas que a deixemos florescer.

Com profunda reverência à vida e ao mistério,
André Mantovanni,
Casa da Onça (MG), outono de 2025

ANEXO

INSTRUÇÕES PRÁTICAS
PARA RECEBER AS PRÓPRIAS
MENSAGENS INTERIORES,
COM EXERCÍCIOS SIMPLES
DE MEDITAÇÃO CONSCIENTE
PARA OUVIR O SEU
EU INTERIOR

Sempre me interessei por literatura, seja ela espiritual ou não, e entre os autores que fizeram diferença em minha vida estão: Guimarães Rosa, Lya Luft, Clarice Lispector, Fernando Pessoa, Manoel de Barros, Ferreira Gullar, Caio Fernando Abreu, Hermann Hesse e... muitos outros.

A partir do meu interesse, foram chegando outros autores em minha vida, como Carl G. Jung, Liz Greene e Howard Sasportas, por exemplo. Em meu caminho como astrólogo, tarólogo, terapeuta, palestrante e escritor, surgiam em minha mente frases das quais me lembrava de cor, por serem muito inspiradoras, contendo em seu texto breve todo um caudal de conhecimentos.

Quando comecei a publicar meus livros, há mais de vinte anos, buscava colocar essas frases inspiradoras nas aberturas de capítulo, como uma espécie de síntese do que vocês, meus leitores, encontrariam ali. E foi assim que surgiu, após tantos anos, a ideia de criar um baralho com muitas dessas frases da Sabedoria Universal, para partilhar minhas impressões/meditações sobre cada uma delas em reflexões, assim como uma síntese de cada tema abordado em Afirmações específicas, que são também reflexivas, servindo para apresentar uma verdade ou ideia espiritual a fim de, assim, ajudar a criar um trabalho de alinhamento com aquela Afirmação.

Tal como você já deve ter observado durante a manipulação das cartas, a Sabedoria Universal pode nos trazer mensagens inspiradas da Inteligência Cósmica, que provém da Fonte, a quem chamamos Deus, ou inúmeras outras denominações em diferentes tradições espirituais, religiões, épocas e culturas. Ela pode se manifestar por meio de diferentes "canais", como Willliam Blake, Clarice Lispector, Thomas Mann, Hermann Hesse, Carl. G. Jung, os Evangelistas, as lições contidas no *Bhagavad Gītā*, nas obras de Osho, Yogananda, Platão, Fernando Pessoa, além de vários outros exemplos. Por meio da obra de centenas de escritores, artistas, músicos e mestres espirituais, podemos perceber com certeza que em cada um de nós existe uma pequena centelha da Inteligência Cósmica como potencialidade – uma voz que poderá transmitir frases inspiradoras da Sabedoria Universal a qualquer pessoa que se abra para Ela.

E, para isso, após conhecer este baralho e suas frases, junto às minhas Reflexões e Afirmações, gostaria de propor alguns exercícios simples para que você também, querido leitor, possa se conectar com a Fonte e ouvir sua voz interior, pois é ali, nesse "não local" interno, que podemos fazer contato com a alma e com ela nos aproximar da Inteligência Cósmica Universal.

Proponho aqui quatro maneiras, e, com base nelas, você também poderá buscar os próprios caminhos e técnicas quando precisar meditar a respeito de uma questão ou pedir esclarecimentos para resolver alguma coisa, quando necessitar de uma resposta e ela não puder vir por meios racionais ligados à mente concreta.

Estes exercícios o ajudarão no processo de desenvolver a verdadeira intuição - uma qualidade da alma - e com ela escutar os ecos da Sabedoria Universal dentro de si mesmo.

Eis as quatro maneiras.

Sonhos

Na hora de dormir, medite sobre alguma questão que precise de uma resposta não racional e faça uma meditação contemplativa, pensando de forma pura, com o coração, a respeito daquilo que deseja ver resolvido. É importante dizer que isso precisa ser feito dentro de um estado de calma e quietude, e aconselho que pelo menos duas horas antes você busque ler alguma coisa voltada à espiritualidade, que tenha se alimentado de forma leve e esteja se sentindo alinhado consigo mesmo. Se fizer parte de suas práticas espirituais, faça uma oração antes de começar o trabalho de pedir instruções e entrar no sono.

Nesse momento, visualize o que gostaria de saber com todos os detalhes e peça a sua alma que, se possível, lhe revele por meio de um sonho - com imagens que possa entender - a resposta sobre aquilo que deseja. Agradeça e relaxe. Faça respirações lentas, longas e contínuas, de inspiração e expiração, como se já estivesse dormindo. Peça para se lembrar do sonho ao despertar e fique atento ao momento em que estiver acordando. Sonhos simples, curtos, porém reveladores, podem surgir por meio dessa prática.

Escrita automática – a linguagem do inconsciente

Muito utilizada por médiuns e sensitivos de maneira intuitiva, essa técnica também é usada na psicologia e na psicanálise como forma de contato com a alma ou o inconsciente. A ideia desse trabalho é escrever, ininterruptamente, tudo o que vier à cabeça, deixando que o inconsciente (ou subconsciente) aflore, momento em que a lógica e a razão são ignoradas, sem que seja necessário, inclusive, se preocupar com regras gramaticais.

Em um local de quietude e sem iluminação excessiva - sendo que a luz de um final de tarde ou do nascer do sol é aconselhada -, posicione-se diante de uma folha de papel em branco, um diário ou mesmo um computador/*laptop* e afins. Apresente, como se estivesse vendo um quadro numa galeria, ou a cena de um filme em sua mente, a imagem sobre a questão que necessita resolver. Acrescento nesse ponto que não é necessário que esteja precisando de um aconselhamento para resolver um problema. Você pode fazer esse exercício apenas para "ver o que sairá escrito" ao final dele.

Inspire, expire, inspire e solte o ar, limpando a mente de tudo o que não for considerado essencial. Ao se sentir relaxado, comece a escrever simplesmente, pois a escrita se dará por terminada por si mesma, e isso pode demorar dez minutos ou mais de uma hora, dependendo de cada pessoa e do modo como o trabalho foi conduzido. E, claro, a cada vez que fizer esse exercício, você terá acesso a pontos mais profundos de sua consciência.

Meditação com canalização, em voz alta

Esta técnica é um pouco parecida com a da escrita automática, mas está mais próxima de uma meditação consciente, na qual a alma manda mensagens por meio da fala. Ela é simples e, com treino, mensagens surpreendentes podem chegar até sua mente consciente.

Em um local de silêncio, em total solitude, busque ficar quieto e com a respiração tranquila pelo tempo que for necessário, sendo dez minutos o limite mínimo para que consiga silenciar a mente. Se perceber que está com dificuldade para deixar a mente silenciosa, mantras ou alguma oração podem ajudar nesse estágio.

Após essa fase, deixe a mente livre e coloque em foco alguma pergunta ou problema para o qual deseja saber a resposta. Por meio de sua voz, você poderá ter um diálogo consigo mesmo, ou até mesmo receber uma mensagem contínua - e específica - sobre algum ponto de sua vida que precisa de informações de partes mais profundas de sua própria consciência.

Ficar em silêncio e em meditação/ contemplação em meio à natureza

Técnica milenar utilizada em diversas épocas, culturas e tradições, quando estamos em contato com a natureza, em locais com muita vegetação, água, montanhas. Por meio dela, conseguimos nos perceber como parte de algo maior, uma consciência única, em meio à qual temos a sensação de existir numa espécie de eternidade/eterno presente, quando estamos em sintonia com algo além do próprio ego.

Assim como nas outras técnicas, é necessário silêncio, solitude, quietude da mente, das emoções, e sentir que está voltado para dentro, para o seu Eu Profundo, para a psique, para a alma.

Por meio de um relaxamento prévio envolvendo técnicas simples de respiração, feche os olhos por alguns minutos, experimentando o calor, a brisa, a sensação de estar ao ar livre, e busque assim o contato com a alma. Após alguns minutos, abra os olhos e olhe ao redor. Permaneça em silêncio. Espere, sem expectativa alguma, ouvindo sua voz interior.

Nesse tipo de técnica, é interessante notar que, muitas vezes, não há voz alguma para ser ouvida, mas você sente em seu íntimo que não está saindo da experiência do mesmo jeito que entrou, pois pode surgir uma nova forma de sentir as coisas, e somente quando as pessoas ao redor nos perguntam "Por que você está tão diferente?", é que somos capazes de associar essa meditação às impressões dos demais.

Finalmente, após uma experiência como esta, se você se sentar nos dias seguintes e, em silêncio, pegar um caderno, deixar sua mente consciente de lado, e começar a escrever, saiba que poderá receber mensagens luminosas e de grande simplicidade, como esta que transcrevo a seguir, sobre por que este baralho/livro deveria chegar aos meus leitores. No meu caso, recebi a mensagem em forma de carta, quando refleti sobre a ideia de sintetizar essas pequenas gotas da Sabedoria Universal que colecionei por anos na forma de um oráculo, para inspirar todos nós.

André,

Em nossa jornada, nada mais somos que diminutos grãos de areia em uma grande praia cósmica. Mas também somos consciências em evolução. Somos raros e não temos a verdadeira dimensão do que podemos ser em nosso despertar para algo maior.

Sua busca por transcender a si mesmo por meio do seu trabalho, em sua própria consciência, o trouxe até aqui, e sabe que não poderá ir mais longe se não partilhar com os outros tudo aquilo que o construiu como o André que, momentaneamente, é hoje. É preciso seguir, evoluir e passar adiante.

Partilhe com todos o que da Fonte recebe, e a Fonte poderá ajudar a realizar o seu trabalho de forma mais ampla neste momento de transição e ampliação da consciência pelo qual este planeta está passando.

Em sua simplicidade, tenha coragem e siga em frente, e, a cada um que seu trabalho tocar, gotas da Fonte, provindas da Inteligência Cósmica, ajudarão outras pessoas em sua caminhada, tal como você, que é auxiliado por tantos a cada dia de sua trajetória.

BIBLIOGRAFIA E LEITURA RECOMENDADA

ALLAN, Percy. *Hermann Hesse para Desorientados*. Rio de Janeiro: Sextante, 2013.

ALLEN, James. *O Homem É Aquilo Que Ele Pensa*. São Paulo: Pensamento, 2ª edição, 2016, 8ª reimpressão, 2023.

ANDRADE, Carlos Drummond de. *O Avesso das Coisas*. São Paulo: Companhia das Letras, 2019.

BARROS, Manoel de. *O Meu Quintal É Maior do Que o Mundo*. São Paulo: Alfaguara, 2015.

BETTO, Frei; BOFF, Leonardo; CORTELLA, Mario Sergio. *Felicidade Foi-se Embora?* Petrópolis: Vozes, 2016.

BLAVATSKY, Helena P. *A Voz do Silêncio* (Coleção Clássicos Pensamento - Pequena Grande Enciclopédia da Espiritualidade Universal). São Paulo: Pensamento, 1ª edição, 2010, 8ª reimpressão, 2020.

BLAVATSKY, Helena P. *O Livro Perdido de Dzyan - Novas Revelações sobre a Doutrina Secreta*. São Paulo: Pensamento, 1ª edição, 2009, 8ª reimpressão, 2021.

BLAVATSKY, Helena P.; GOMES, Michael. *A Doutrina Secreta* - A Obra Clássica de Helena Blavatsky, Resumida e Comentada por Michael Gomes. São Paulo: Pensamento, 1ª edição, 2012, 4ª reimpressão, 2020.

BLAVATSKY, Helena P.; GOMES, Michael. *Ísis sem Véu: Os Segredos da Sabedoria Antiga na Primeira e Mais Polêmica Obra de H. P. Blavatsky, Resumida e Comentada por Michael Gomes*. São Paulo: Pensamento, 2022.

BOYLE, Sherianna. *Mantras Simples e Poderosos para o seu Dia a Dia*. São Paulo: Pensamento, 2019.

BRUNTON, Paul. *O Caminho Breve para a Iluminação: Instruções para o Despertar Espiritual*. São Paulo: Pensamento, 2018.

COEN, Monja. *Em Cada Instante Nascemos e Morremos Bilhões de Vezes*. São Paulo: Academia, 2024.

DAHLKE, Rüdiger; DETHLEFSEN, Thorwald. *A Doença como Caminho: Uma Visão Nova da Cura como Ponto de Mutação em Que um Mal se Deixa Transformar em Bem*. São Paulo: Pensamento, 14ª reimpressão da 1ª edição - catalogação na fonte 2007, 22ª reimpressão, 2020.

DHAMMAPADA Atthaka: Caminho da Lei - o Livro das Oitavas - Doutrina Budista Ortodoxa em Verso. Trad. Georges da Silva. São Paulo: Pensamento, 2ª edição, 2020, 2ª reimpressão, 2022.

DVAIPAYNA, Vyasa. *Bhagavad-Gītā: A Mensagem do Mestre.* São Paulo: Pensamento, 23ª edição, 2023, 1ª reimpressão, 2024.

FERREIRA, Gullar. *Toda Poesia.* São Paulo: Companhia das Letras, 2021.

GUIMARÃES ROSA, João. *Grande Sertão:* Veredas. São Paulo: Companhia das Letras, 2019.

HESSE, Hermann. *A Magia de Cada Começo.* Trad. Lya Luft. Rio de Janeiro: Record, 2022.

HESSE, Hermann. *Felicidade.* Trad. Lya Luft. Rio de Janeiro: Record, 2023.

HESSE, Hermann. *Sidarta.* Trad. Herbert Caro. Rio de Janeiro: Record, 2019.

JUNG, Carl Gustav. *Memórias, Sonhos, Reflexões.* Trad. Dora Ferreira da Silva. Rio de Janeiro: Nova Fronteira, 2021. (Coleção Clássicos de Ouro).

KOENIG, Sharon M. *Os Ciclos da Alma: As Sete Etapas para Viver seu Verdadeiro Propósito.* São Paulo: Pensamento, 2024.

KRISHAMURTI, Jiddu. *Liberte-se do Passado*. São Paulo: Pensamento, 17ª edição, 2013, 2ª reimpressão, 2018.

DALAI-LAMA. *A Prática da Meditação Essencial:* Técnicas Tibetanas para Descobrir a Natureza Real da Mente e Alcançar a Paz Interior. São Paulo: Pensamento, 2019.

LISPECTOR, Clarice. *A Descoberta do Mundo*. Rio de Janeiro: Rocco, 1999.

LUFT, Lya. *Pensar É Transgredir*. Rio de Janeiro: Record, 2004.

LUFT, Lya. *O Tigre na Sombra*. Rio de Janeiro: Record, 2012.

MANTOVANNI, André. *... Enquanto a Felicidade Não Vem...: Uma Reflexão Inspiradora para se Conectar com a Sua Alma*. São Paulo: Pensamento, 2024.

PEALE, Norman Vincent. *O Poder do Pensamento Positivo: Guia Prático para Solução dos Seus Problemas Diários*. São Paulo: Pensamento, 76ª edição, 2016.

PEIRCE, Penney. *Frequência Vibracional: As Nove Fases da Transformação Pessoal para Utilizar Todo o Potencial da Energia Interior*. São Paulo: Pensamento, 2011, 8ª reimpressão, 2020.

PEIRCE, Penney. *O Salto Quântico da Percepção: O Poder Transformador da Sua Atenção na Era da Intuição*. São Paulo: Pensamento, 2024.

PEIRCE, Penney. *Transparência Espiritual: Novas e Cruciais Habilidades para Acelerar Seu Processo de Transformação Pessoal*. São Paulo: Pensamento, 2024.

PESSOA, Fernando. *Livro do Desassossego*. Edição revista e atualizada. São Paulo: Companhia de Bolso, 2023.

PESSOA, Fernando. *Poesias de Álvaro de Campos*. Lisboa: Ática, 1993. (Obra originalmente publicada em 1944).

PRESSFIELD, Steven. *Como Superar Seus Limites Internos: Aprenda a Vencer Seus Bloqueios e Suas Batalhas Interiores de Criatividade*. São Paulo: Pensamento, 1ª edição, 2021, 6ª reimpressão, 2024.

PRESSFIELD, Steven. *Torne-se um Profissional: Como Superar Seus Limites Internos e Triunfar nas Batalhas da Vida*. São Paulo: Pensamento, 1ª edição, 2021, 6ª reimpressão, 2024.

ROZO, Luz Stella. *O Poder Milagroso dos Salmos*. São Paulo: Pensamento, 1ª edição, 2004, 7ª reimpressão, 2023.

SANTOS, Roberto Corrêa dos. *As Palavras de Clarice Lispector*. Rio de Janeiro: Rocco, 2013.

SHELDRAKE, Rupert. *A Ciência da Prática Espiritual: Experiências Transformadoras, Seus Efeitos e Eficácia em Nosso Corpo, no Cérebro e na Saúde*. São Paulo: Pensamento, 2021.

SIEGEL, Bernie S. *A Arte de Curar: Histórias Reais e Práticas Criativas de Autocura para uma Vida Melhor*. São Paulo: Pensamento, 2017.

SINGER JR., Richard A. *Joias Espirituais da Sabedoria Oriental - 111 Meditações para Iluminar Sua Alma no Dia a Dia*. São Paulo: Pensamento, 2013.

SZEKELY, Edmond Bordeaux. *O Evangelho Essênio da Paz*. São Paulo: Pensamento, 1ª edição, 1997, 10ª reimpressão, 2018.

TOWLER, Solala. *Tao-Te King - Uma Jornada para o Caminho Perfeito*. São Paulo: Pensamento, 2019.

TRÊS INICIADOS. *O Caibalion - Estudo da Filosofia Hermética do Antigo Egito e da Grécia*. São Paulo: Pensamento, 2ª edição, 2021, 3ª reimpressão, 2023.

WALSCH, Neale Donald. *Como Conversar com Deus: Histórias Surpreendentes de Conexão Profunda com um Poder Superior*. São Paulo: Pensamento, 2024.

WARNER, Ruby. *Instantes de Luz: Mensagens Inspiracionais para Momentos de Escuridão*. São Paulo: Pensamento, 2024.

Contatos de André Mantovanni

Instagram: @andremantovanni

YouTube: andremantovannitv

Site: www.andremantovanni.com.br